AF313744

Collection

Clovis NORMAND

CATALOGUE

DES

ANTIQUITÉS, OBJETS D'ART et d'ARCHÉOLOGIE

composant la collection de M. CLOVIS NORMAND, décédé, Architecte à Hesdin, Membre de la Commission des Monuments historiques du Pas-de-Calais, Membre de Société des Antiquaires de Morinie, et dont la vente aura lieu à

LILLE

en l'Hôtel des Commissaires-Priseurs

10, RUE JEAN-ROISIN, 10

Les Mardi 14, Mercredi 15, Jeudi 16 & Vendredi 17 Décembre 1909

à deux heures précises

Par le ministère de Mᵉ AIMÉ MOENECLAEY, Commissaire-Priseur, demeurant à Lille, rue du Faubourg-de-Roubaix, 213 *bis*, à ce commis, par jugement du Tribunal civil de Montreuil-sur-Mer, en date du 17 Novembre 1909, et avec l'assistance de M. Joseph DRUKKER, antiquaire, demeurant à Lille, rue du Curé-Saint-Étienne, 10, qui se chargera des commissions.

EXPOSITION Le Dimanche 12 Décembre, de 10 h. à midi. Le Lundi 13 Décembre, de 10 h. à midi et de 2 h. à 4 heures; et chaque jour de vente, de 10 h. à 1 heure.

NOTA. — La salle sera chauffée.

CONDITIONS DE LA VENTE

Elle sera faite au comptant.

Les acquéreurs paieront 10 %, plus 1 % de criée, en sus du prix d'adjudication.

L'exposition mettant le public à même de se rendre compte de la nature, de l'état et de la qualité des objets, il ne sera admis aucune réclamation une fois l'adjudication prononcée.

L'ordre numérique du catalogue sera suivi autant que possible ; néanmoins le Commissaire-Priseur se réserve le droit de l'intervertir, de rassembler et de diviser les lots, s'il y a lieu.

ORDRE DES VACATIONS

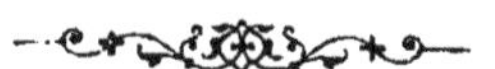

MARDI 14 DÉCEMBRE. — Des Nᵒˢ 1 à 55.
73 à 127.
142 à 193.

MERCREDI 15 DÉCEMBRE. — Des Nᵒˢ 56 à 72.
127 à 141.
383 à 513.

JEUDI 16 DÉCEMBRE. — Du Nᵒ 194 à 382.

VENDREDI 17 DÉCEMBRE. — Du Nᵒ 513 à la fin.

Ivoires

1. **Vierge** à l'Enfant. Haut. 0ᵐ23, fin XVᵉ siècle.
2. **Vierge** à la Colombe. Haut. 0ᵐ18. XVᵉ siècle.
3. **Ange** d'un groupe de Tobie. Haut. 0ᵐ17, XVIᵉ siècle.
4. **Paix**. « le crucifiement ». 0ᵐ08 × 0ᵐ06, XIIIᵉ siècle, monté en bronze au XIVᵉ siècle.
5. Le **Calvaire**, groupe. Haut. 0ᵐ058 × 0ᵐ022 large, Renaissance, provenant d'une petite chapelle portative.
6. **Tryptique :** un ange terrassant le démon, plusieurs groupes de personnages. 0ᵐ148 haut., 0ᵐ048 fermé, XIVᵉ siècle.
7. **Enfant** armé tenant une grosse tête coupée. Haut. 0ᵐ082, XVIᵉ siècle.
8. **Junon**, au paon, le pied sur un lion. Haut. 0ᵐ08, XVIᵉ siècle.
9. **Femme** au vase. Haut. 0ᵐ085, XVᵉ siècle.
10. Le **Calvaire**, haut-relief. Haut. 0ᵐ08, larg. 0ᵐ055, XIIIᵉ siècle.
11 à 14. 4 petites **Statuettes** de soldats arquebusiers, piqueurs. Haut. 0ᵐ07, fin XVIᵉ siècle, provenant d'un cabinet.
15. **Saint Jacques** le Pèlerin. Haut. 0ᵐ09, fin XVIᵉ siècle.
16. **Vierge** assise avec l'Enfant-Jésus. Haut. 0ᵐ10, XIIIᵉ siècle.
17. **Figure** de coffret, relief. Haut. 0ᵐ10, fin XVIᵉ siècle.
18-19. 2 **Groupes**, face légèrement arrondie. Haut. 0ᵐ068, larg. 0ᵐ043, XVᵉ siècle.
20-21. 2 **Groupes**, face légèrement arrondie. Haut. 0ᵐ089. XIVᵉ siècle.
22. 1 groupe, légèrement arrondi, La **Visitation**. Haut. 0ᵐ057, XIVᵉ siècle.

23-24. **2 bouts** de frises légèrement arrondis. Long. 0ᵐ08
  et 0ᵐ10, XVIᵉ siècle.
25 à 27. **3 figures** bas-relief musiciens, 0ᵐ06×0ᵐ03, XVᵉ s.
28. **Saint Jean-Baptiste**, relief arrondi, 0ᵐ067 × 0ᵐ022,
  XIVᵉ siècle.
29. **Ange** à genoux dans un angle, 0ᵐ046 × 0ᵐ025.
30-31. **2 plaques** de frise, 4 mois de l'année, 0ᵐ090×0ᵐ030,
  XIVᵉ siècle.
32. **Vierge mère.** Haut. 0ᵐ08, XVIᵉ siècle.
33. **Nœud ovale**, petites scènes sous arcature, 0ᵐ04×0ᵐ03.
  Haut. 0ᵐ034, XIVᵉ siècle.
34. **Croix** en ivoire avec le serpent au pied, sur un tableau
  avec cadre sculpté et ajouré, Renaissance.
35 à 40. Plusieurs **Christs** en os et ivoire.
40 *bis*. **Christ** et **Vierge** adossés, Renaissance. Haut. 0ᵐ043.

Émaux

41. **Saint-François d'Assise** en extase, 0ᵐ147×0ᵐ12, signé
  I. L., fin XVIᵉ ou courant XVIIᵉ siècle.
42. **Le Lavement** des pieds. 0ᵐ145×0ᵐ11, XVIIᵉ siècle.
43. **Saint-Louis.** 0ᵐ087×0ᵐ067, XVIᵉ siècle.
44. **Coquille** nacrée sculptée, bas-relief de Saint-Mathieu
  évangéliste, encadrée, relevé de teinte rouge et
  noire, Renaissance.
45. **François I**ᵉʳ roi de France, portrait. 0ᵐ125 × 0ᵐ10,
  XVIᵉ siècle, au revers P. R.
46. **Marie Stuart**, reine d'Ecosse, portrait. 0ᵐ12 × 0ᵐ103,
  XVIᵉ siècle, au revers P. R.
47. **Tasse cuivre** émaillée ; à l'intérieur un Amour,
  grisaille sur fond noir, rebords fleurs sur fond
  blanc ; à l'extérieur fleurs sur fond noir. Diamètre
  0ᵐ10, haut. 0ᵐ03, XVIIᵉ siècle.

48. **Bonbonnière**, ovale, époque Louis XV, 0^m045.

49 à 55. 7 petits **émaux** provenant de reliquaires divers, figures de saint et saintes, de l'Assomption, de la Vierge, et trois sont finement peints, XVIᵉ et XVIIᵉ siècles.

Sculptures

Bois

56. **Vierge** assise avec l'Enfant-Jésus. Haut. 1^m04, XIIIᵉ s.

57. Groupe **Dieu le Père** avec le Christ sur la croix et la colombe du Saint-Esprit descendant de ses lèvres. Haut. 0^m30, XVᵉ siècle.

58. Bas-relief : un des tableaux d'un rétable d'autel donnant la **Passion du Christ**. Haut. 0^m57, larg. 0^m27, XVᵉ siècle.

59. **L'Enfant Jésus** sur la boule du monde. Haut. 0^m40.

60. Un autre **Enfant-Jésus** sur la boule du monde. Haut. 0^m30.

61. Un cavalier la **Paix**, cavalier près de son cheval, avec corne d'abondance. Haut. 0^m22, larg. 0^m15, fin XVIIᵉ siècle.

62-63. 2 **figurines**. Haut. 0^m22.

64-65. 2 petites figurines à genoux : **Saint Dominique** et **Sainte Catherine de Sienne**. Haut. 0^m19, fin XVIᵉ siècle. Restes de dorure au blanc d'œuf et peintures.

66. **Saint Jean-Baptiste**. Haut. 0^m43, fin XVᵉ siècle. Traces de peinture et de dorure.

67. **Père éternel** sur des nuages, haut relief. Haut. 0^m32. XVIIᵉ siècle.

68. **Vierge mère.** Haut. 0^m235, XVIIᵉ siècle.

Marbre tendre

69. La **Visite** de la reine de **Saba** à **Salomon**, bas-relief rehaussé d'ors et de couleurs. Haut. 0^m55, larg. 0^m40, encadrement à colonnes Renaissance.
70. **Sainte Élisabeth de Hongrie** faisant l'aumône à un pauvre, haut-relief. Haut. 0^m16, larg. 0^m12, avec encadrement en pâte dorée, XVIe siècle.
71. **Échelle de Jacob**, bas-relief. 0^m13 × 0^m10.
72. **Déesse mexicaine** portant des produits divers de la terre, haut-relief. 0^m31 (a dû être adossée).

Cire

73. **Bas-Relief** sous une série de 4 arcatures, 4 petits reliefs de la vie de **Jésus-Christ.** Long. 0^m32, larg. 0^m10.

Terre cuite

74. **Vierge mère** avec l'Enfant-Jésus, XVIe siècle.
75. **Vierge mère** dans une niche Renaissance qui a conservé sa peinture ; la statuette XVe siècle.

Cuivres et Bronzes

76. **Vierge mère**, plaque.
77. — — statuette. Haut. 0^m085, XVe siècle.
78. **Lion** en bronze.
79-80-81. 3 **Médaillons** ronds, sujets divers.
82. 1 **Médaillon**.
83. 1 — bronze.
84. 1 **Flacon** cuivre damasquiné.

85. Une **Vierge** avec l'**Enfant-Jésus**.
86.   —   —   —
87. **Saint-Michel**, bronze.
88. **Sainte-Barbe**. Haut. 0^{m}115, XVe siècle.
89. **Vierge mère**. Haut. 0^{m}15, XVe siècle.
90. Petite **Clochette** gallo-romaine.
91. **Débris de feuillage** fondu de Vieil-Hesdin, XVe siècle.
92. **Statuette** en bronze, un des Apôtres.
93. Un **Christ** bronze à jupe, la tête couronnée, XII siècle.
94.   —   —   XIIIe siècle.
95.   —   —   sans couronne d'épines, XVe siècle.
96. Un **Christ**. Renaissance, bonze doré.
97.   —   à jupe, bronze doré, tête droite, XIIIe siècle.
98. Un **Christ**, bronze, XVIe siècle.
99. Une **Croix** chêne, **Christ**, du XIVe siècle.
     Attributs de Saint-Jean et de Saint-Marc, XVe siècle, clous à tête ornée.

Étain

100. **Bas-relief. Fête villageoise.**
101 à 104. 4 **plaques** provenant d'un coffret, 0^{m}11 × 0^{m}55. Scènes diverses.

Plomb

105 à 107. 3 **Sachets et Boîte de pèlerinage.**
108. **Crochet** de rampan, XVe siècle.
109-110. 2 grandes **Figures de soldats**. Haut. 0^{m}17, XVIe siècle.

Ustensiles

ayant servi au Culte Catholique

111. **Reliquaire**, rond, cuivre pédiculé, contreforts en arcs-boutants, XVe siècle.

112. **Reliquaire** pédiculé, rectangulaire, contreforts à jour, argent, XVe siècle.

113. **Encensoir** en cuivre, XVIe siècle.

114. **Bénitier**, bronze, XVe siècle.

115. Autre **Bénitier**, bronze. XVe siècle.

116. **Burette**, étain, XVIe siècle.

117. **Croix de procession.** Haut. 0^m48, nœud compris. Christ à jupe, une face ornementée de petites frises avec cabochons aux extrémités des bras ; l'autre face avec gravure de feuillages sur les plats, l'Agneau au milieu et la gravure des 4 évangélistes aux extrémités des bras, émaux sur le nœud et dans l'Inri, XIIIe siècle.

118. **Pixide** émaillée, en cuivre, XIIIe siècle. Très bel exemplaire.

119. **Navette** à encens, sur le couvercle bustes d'anges, émaillée, sur le pourtour frise gravée, XIIe ou XIIIe siècle.

120. Petit **Reliquaire**, cuivre gravé et émaillé avec crête, petite figure d'applique en bronze émaillé, sur la face et sur les bouts figures gravées encadrées d'émaux (une face incomplète).

121. **Boîte aux saintes huiles**, en étain, Renaissance.

122. **Autre**, aussi en étain, époque Louis XV.

123. Cuivre repoussé : **Jésus au Jardin des Oliviers.** Tableau plein cintre, haut. 0^m37, larg. 0^m28.

124. **Paix.** Plaque fondue bronze, figures sur 2 faces, anse brisée, XVe siècle.

125. Autre, **Calvaire**, bronze à arcatures et clochetons, XV⁰ siècle. Plaque de fond rapportée, anse brisée.
126. Autre, **Calvaire**, sous arcade ogivale surbaissée, XV⁰ siècle. Manque le fond et l'anse.
127. Autre, la **Vierge mère**, bronze à clochetons avec fond et anse, XVI⁰ siècle.

Enluminures de Manuscrits et Imagerie

128. **Vélin miniature** ovale, XII⁰ siècle.
129. 2 **planches** de feuilles et **fragments** de vélin avec enluminures et lettres des XIII⁰, XIV⁰, XV⁰ et XVI⁰ siècles.
130. 2 **planches-imagerie** des XVI⁰, XVII⁰ et XVIII⁰ siècles, feuillets gravés de Simon Vostre.

Couvertures de Livres

131. 4 **couvertures** ou fragments en cuir frappé, vignettes à personnages.

Agrafes et Écoinçons, en argent, de Couvertures de Livres

132. 2 **garnitures** argent ciselé XVIII⁰ siècle.

Meubles

133. **Cartonnier,** à 2 vantaux contenant 12 tiroirs, long. 1^{m}50, larg. 0^{m}80, haut. 1^{m}10, fait avec les panneaux d'une ancienne chaire, Renaissance flamande.

134. **Armoire basse** à 2 vantaux et 2 tiroirs, long. 0^{m}85, larg. 0^{m}50, haut. 0^{m}73 ; sur les panneaux de face à 2 portes la Vierge mère et Saint-Jean-Baptiste : renaissance française.

135. Bibliothèque comprenant un **grand coffre** transformé intérieur cartonnier long. 1^{m}50, larg. 0^{m}60, haut. 0^{m}77, Renaissance française, 2 panneaux de marqueterie, une petite figure centrale, au-dessus un corps de bibliothèque fait avec des débris de même provenance que le coffre.

136. **Coffre de mariage,** XVe siècle, avec sa serrure, monté en dressoir. Haut. 2^{m}20, face 0^{m}55, profondeur 0^{m}43.

137. **Armoire** basse à une porte, larg. 0^{m}65, haut. 0^{m}95, profondeur 0^{m}35. Renaissance française.

138. **Armoire** suspendue sur consoles, porte avec panneau en bois noir, représentant la **Cène,** long. 0^{m}85, haut. 0^{m}70, larg. 0^{m}23 ; au-dessus, étagère avec panneaux formés de 4 pièces, d'une bande de chasuble Renaissance ayant formé une croix avec personnages finement brodés, plus deux fragments de cuir de Cordoue, grandes feuilles dorées sur fond noir, remonté dans un bâtis moderne.

139. Une **autre armoire** suspendue à une porte, 0^{m}90 × 0^{m}75 × 0^{m}23, fenestrage à jour XVe siècle, remontée dans un bâtis moderne.

140. Une **face de coffre**, XVIIe siècle, 1^m40 × 0^m73, petites figures représentant la **Vierge** dans la campagne, **Jésus** et **Saint-Jean-Baptisie**, enfants.

141. **Ancienne chaire** d'officiant ou de chef de communauté du XVe siècle, ayant fait partie d'un ensemble lambrissé de même époque, transformé dans la première partie du XVIe siècle pour en faire un confessionnal selon les ordonnances ecclésiastiques de cette époque, qu'on trouve dans un ouvrage de **Saint Charles Borromée**, alors **archevêque de Milan**, et qui faisait obligation au confesseur de ne recevoir à confesser qu'à travers une cloison.

A l'examen, on voit, par les tâtonnements de l'exécution, qu'il s'agissait d'un meuble dont la disposition nouvelle était à trouver : c'est le plus ancien confessionnal qui existe.

Coffrets

142. **Coffret** en bois, XVe siècle. Long. 0^m38, larg. 0^m22, haut. 0^m22.

143. **Coffret** en bois, recouvert cuir intaillé. Long. 0^m25, larg. 0^m18, haut. 0^m12, avec toutes ses ferrures, XVe siècle.

144. **Coffret** de voyage en bois, recouvert en cuir, dessins très jolis, ferrures anciennes, XVIe siècle, 0^m23 × 0^m185 × 0^m12.

145. **Coffret** en bois, revêtu de cuivre repoussé, armature en fer repoussé et garnie de nombreux clous tête ronde de 2 dimensions aussi en fer, commencement du XVIIe siècle.

146. **Coffret** en fer, 0^m10 × 0^m055 × 0^m07, avec poignée, gravé et niellé, Renaissance italienne.

Cuirs

147. **Antépendium d'autel**, cuir de Cordoue, encadré de 3 côtés, doré, fin XVIe ou XVIIe siècle.
148. Une **planche**, avec un cuir, mais en style mahométan sans peinture ni dorure.

Étoffes

149. **Chasuble**. Soie brodée à grandes fleurs, commencement du XVIIe siècle.
150. **Voile de Calice** sur soie rouge. Broderie commencement du XVIIe siècle.
151. **Saint-Martin**. Broderie commencement du XVIIe siècle.
152. La **Vierge** et l'**Enfant-Jésus**, Broderie XVIIe siècle.
153. Groupe d'**Anges** soutenant un objet disparu, broderie XVIIe siècle.

    (Ces trois objets ont fait partie de bannières dont les fonds ont disparu).
154. **Broderie** soie et fils d'argent sur fond de velours rouge daté 1610 et ayant servi à parer une statue de Vierge.
155. Grand **Médaillon** d'antépendium d'autel formant écusson brodé or et soie. 0ᵐ68 × 0ᵐ68, XVIIe siècle.
156. **Vierge** à l'enfant brodé or et argent sur soie. Un autre groupe d'**Anges** soutenant un ostensoir aussi or et argent sur soie.

    Evêque brodé sur soie.

    Ces trois pièces détachées ont dû faire partie d'un voile de Saint-Sacrement, commencement du XVIIe siècle.

157. **Broderie** le Père Eternel assis, le Christ en Croix entre les genoux, XVII° siècle, larg. 0^m23, haut. 0^m57, fils de bronze tressés avec soie et fils d'or, travail tout particulier.

158. **Garniture** de fauteuil à personnages époque Louis XIII.

159. **Portière** tapisserie d'Aubusson, paysage encadré de verdure, XVII° siècle.

160. Un morceau **broderie** soie sur soie, fleurs sur fond jaune, XVII° siècle.

161-162. **2 petites tapisseries** or sur soie violette, sujets mythologiques, genre Renaissance, dont l'un avec cadre en bois sculpté.

163. **Broderie** soie, époque Renaissance, trois personnages (Saint-Suaire).

Chandeliers

164-165. 2 petits **Chandeliers** porte-cierges, en bronze, XIII° siècle.

166-167. 2 **Chandeliers** en bronze, XV° siècle.

168-169. 2 — court en bronze jaune, XV° siècle.

170. 1 **Chandelier**, pied carré à pans coupés, bronze jaune, fin XVI° siècle.

171-172. 2 **Chandeliers**, bronze jaune, dont l'un gravé XVII° siècle.

173. 1 **Chandelier** bas, bronze gravé, fin XVII° siècle.

174. **Mouchette** en cuivre gravée et ciselée, Renaissance.

175. **Chandelier** bronze, avec faisceaux de colonnettes.

176-177. 2 **Chandeliers** bronze, XV° siècle.

178-179-180. 3 **Lampes**, en terre, Gallo-Romaines.

Lampes

❖

181. **2 Lampes** romaines à main, en bronze à figures et ornements.
182. **Lampe** gallo-romaine en bronze à suspension à 4 mèches ; 1 bec de mèche cassé.
183. **Lampe** de table, 3 becs, terre cuite époque mérovingienne.
184. **Lampe** de table, terre cuite, époque gallo-romaine, lion terrassant une gazelle.
185. **Lampe** de suspension, en bronze, à bec époque mérovingienne.
186. **Lampe** de suspension en bronze, époque mérovingienne.
187-188. **2 Lampes** de suspension à bec en bronze.
189. **Lampe** de suspension, à bec en bronze, cuvette plate, fin XVᵉ siècle.
190. **Dessous** de lampe de suspension en bronze, XVᵉ siècle.
191. **Lampe** à pied ou à accrocher, étain XVᵉ siècle.
192. **Chandelier** de voyage, cuivre émaillé, sur trois pieds se repliant les uns sur les autres.
193. **Bénitier** en étain du XVᵉ siècle.

Antiquités

de l'Égypte

194. 4 **figurines** en bronze, debout et assises, d'Osiris, d'Isis, d'Orus.
195. 7 **figurines**, terre cuite émaillée et non émaillée, avec inscription, provenant de tombeaux.

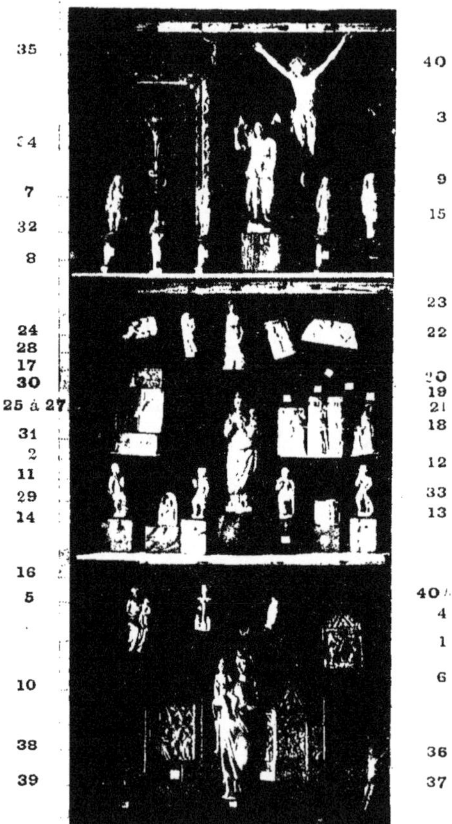

Collection Normand

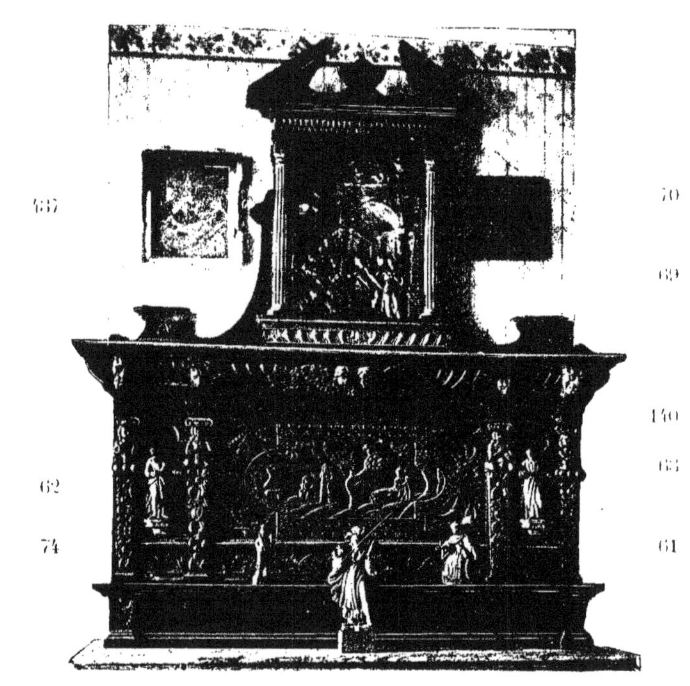

Collection Normand

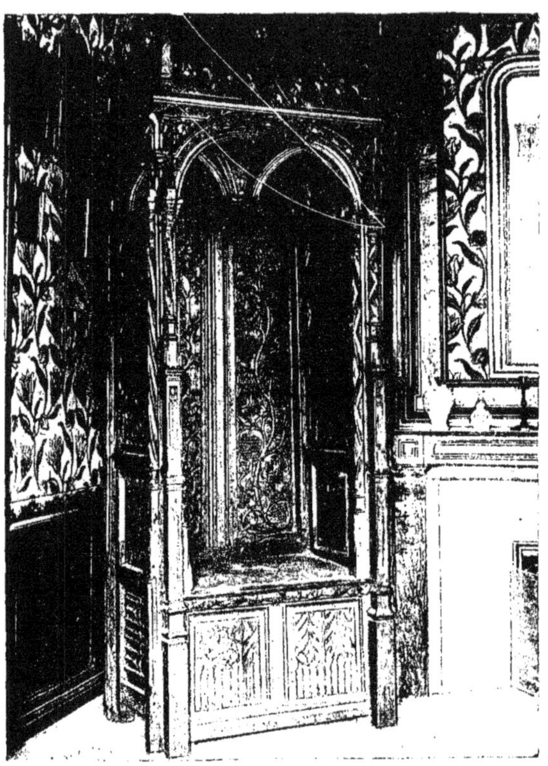

151

Collection Normand

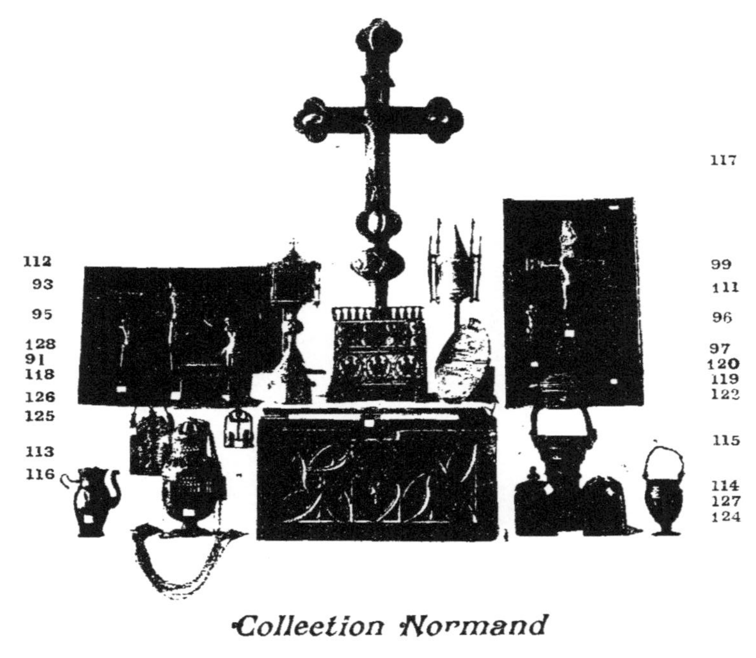

Collection Normand

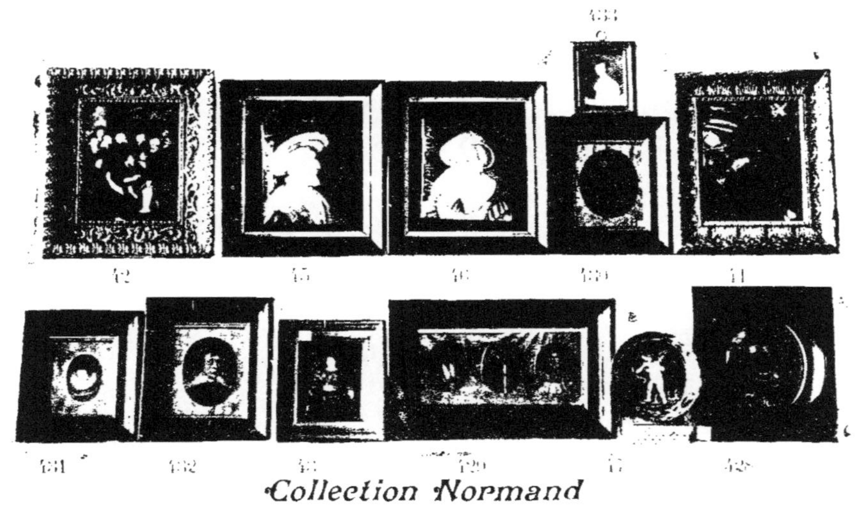

Collection Normand

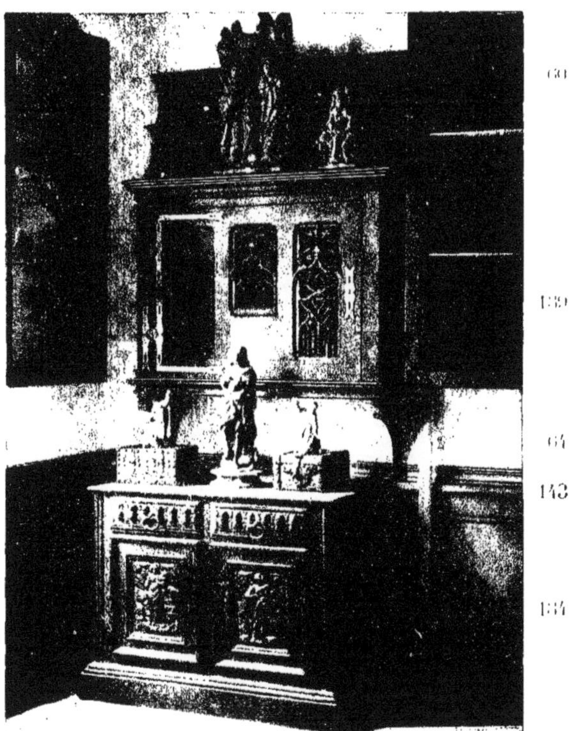

Collection Normand

196. **Collier** avec scarabées à croix gravée, terre émaillée.
197. **Amulettes**, 14 petites figurines des Dieux, scarabées et autres, pâte émaillée.

de la Grèce

198 à 201. 4 **figurines** terre cuite, dite de Tanagra.

de l'Époque Romaine et Gallo-Romaine

202 à 215. 14 **figurines** bronze, des dieux lares gladiateurs et autres.
216. **Assiette** terre rouge.
217 à 220. 4 **figurines** terre rouge, des tombeaux.
221 à 222. 2 **terres jaunes**.

Vases rouges et noirs à figures

223 à 226. 4 **Vases** à anses.
227 à 231. 5 — noirs à doubles anses.
232-233. 2 — noirs à anses.
234 à 238. 5 — à anses en hauteur.
239. 1 petit **Vase**, terre jaune.
240-241. 2 **Tasses** en verre.
242. 3 **Flacons** en verre.
243. **Perles** d'un collier gaulois.
244. 1 **Pot** en bronze à 3 pieds.

Art Chinois

245. 6 **Figurines** bois, jade, ivoire.
246-247. 2 **Bois** animaux.
248. 2 **Figurines** ivoire.
249. 2 **Boudha**. bois peint.
250. **Boudha** en bronze.
251. **Bois** sculpté à jour, bois noir.

Art Russe et Grec

252-253. 2 **Icones** en cuivre à 2 et 3 tableaux.

254. 1 petit **Dyptique** à figures en bois.

255. Une **Plaque,** cuivre fondu, personnages divers entourant le Père éternel.

256. Une petite **Plaque** fondue.

257. **Tryptique,** peinture à fonds d'or. Haut. 0^{m}29 × 0^{m}335, large, ouvert.

258. **Médaillon** rond, percé à jour, à personnages sur les 2 faces.

259. **Petit tableau** bois peint, personnages sur fond d'or.

260. Autre, la **Vierge à l'Enfant,** sur fond d'or recouvert d'une plaque en argent repoussé laissant voir les têtes.

261. **Croix** creuse, à double face, le Calvaire d'un côté, le Christ à la Colombe de l'autre, et 4 petites figures de chaque côté sculptées dans le bois.

Croix et Médailles

262. **Vierge** mère et **Evêque.** Plomb, XVe siècle.

263. Une **médaille** ronde, bustes du Christ et de la Vierge.

264. Une **autre,** 8 pans, buste. Le tout en cuivre, XVe et XVIe siècle.

265. **Médaille** ronde, Sainte-Agnès de Montfort. Argent, XVIe siècle.

266. **Médaille** ovale, Notre-Dame-des-Miracles de Saint-Omer. Argent, XVIe siècle.

267. **Médaille,** buste d'Évêque et la Sainte-Larme. Cuivre 8 pans, fin XVIe siècle.

268. **Médaille** ovale, tête du Christ, figure de la Vierge avec l'Enfant couché sur ses genoux, fleurettes gravées, fin XVIe siècle.

269. **Médaille** en plomb, chasse gothique portant en-dessous la date 1529.
270. **Médaille** en plomb frappée d'une seule face mutilée par le haut, XVe siècle.
271 à 323. 53 **Médailles** dont quelques-unes en argent, le reste en bronze, presque toutes de belle venue, fondues ou frappées.
324. Sept **Médailles** diverses.

MÉDAILLES
Historiques et Commémoratives

325. **Médaille** commémorative, ronde, souvenir du 14 juillet 1790, en bronze.
326. **Petite Médaille** ronde, portrait du duc de Reichstade, fils de Napoléon Ier, bronze.
327. **Henri Dieudonné** présenté à la France, Saint-Michel terrassant le démon, bronze.
328. **Henri V,** roi de France, 2 août 1830, plomb.
329. **Henri Dieudonné,** figure avec barbe, médaille ronde en bronze.
330. **Médaille** commémorative ronde (Naissance du Prince Impérial), argent, 1854.
331. **Médaille** ronde bronze, Charles X, 1827.

SCEAUX

332 à 338. 7 grands **sceaux** d'évêques, abbés, établissements religieux, bronze, XIVe, XVe et XVIe siècles.
339-343. 5 **sceaux** particuliers, bronze, XIVe, XVe et XVIe siècles.
344. 1 **sceau** papal, plomb.

CROIX

345. **Croix** en bronze, Le Christ avec, au revers, N.-D. de Jésus, XVIIᵉ siècle.

346. Petite **Croix** en or avec pendeloque, la figure du Christ et les ornements gravés, XVIᵉ siècle.

347. Autre **Croix** en or à pendeloques, le Christ et la Vierge, cette dernière sur fond d'émail bleu, XVIᵉ s.

348. Ancienne **Croix**, reliquaire, ouvrante, le Christ et la Vierge, XVᵉ siècle.

349. **Petite croix** fleurdelisée, le **Christ** et la **Vierge** finement modelés, bronze XVᵉ siècle.

350. **Petite croix** imitation bois brut, lié à la croisée, beau Christ XVIᵉ siècle, bronze.

351. **Croix** argent, les faces gravées et niellées, XVIIᵉ siècle.

352. **Croix** argent avec cœur transpercé, XVIIᵉ siècle.

353. **Croix** en filigranes d'argent, XVIᵉ siècle.

354. **Croix** en argent avec fleurs de lis ajourées, XVIᵉ siècle.

355. **Petite croix** avec Christ argent.

356. **Croix** argent, bouts fleurdelisés, XVIᵉ siècle.

357. **Croix** sur filigranes argent avec pendeloque, XVIᵉ siècle.

358. **Grosse croix** tiges creuses formées d'entrelacs à jour, argent, XVIᵉ siècle.

359. **Croix** en argent, le buste du Christ et les quatre Evangélistes, XVᵉ siècle.

360. **Croix** creuse en argent filigrané avec trois perles en pendeloques, XVIᵉ siècle.

362 à 373. **13 autres croix** en argent et plomb, des XVᵉ, XVIᵉ et XVIIᵉ siècles.

374. **Calvaire** avec la **Mère du Christ** et **Saint Jean** en argent, XIVᵉ siècle.

375. **Croix** bronze doré, **Christ** à robe, enroulements gravés dans le style du XVIᵉ siècle.

376. La **Vierge** avec l'**Enfant-Jésus** portant un sceptre fleurdelisé reposant sur la lune, XVᵉ siècle.

377. **Moule** en pierre pour fondre des croix de pèlerinage, XIVᵉ siècle.

378. **Agnus Dei**, 2 faces, petites figures peintes or et argent, placées sous verre, monté en argent, fin XVIᵉ siècle.

379. **Chapelet** de 13 grains, sans divisions, avec une petite croix en argent, XVIᵉ siècle.

380-381. 2 **Médailles** en argent, de même époque, et 1 **Médaillon** portant le buste peint d'une sainte.

382. Petit **Reliquaire** de cou en filigranes d'argent ; a perdu sa relique, XVIᵉ siècle.

Ustensiles et Objets divers

383-384. 2 **Bonbonnières**, racine de buis, avec bas-relief.

385. 1 **Poids** d'horloge en bronze.

386-387. 2 **Dés** à coudre.

388. 1 **Dé** à jouer en os.

389. **Casse-Noisettes** bois, figure grotesque, XVIᵉ siècle.

390. **Boîte** à éventail, XVIIIᵉ siècle.

391. Une paire **Ciseaux** avec sa gaine, acier ciselé, XVIᵉ siècle.

392. Une **Gaîne**, cuivre ciselé, XVIᵉ siècle.

393. 1 **Couteau** à pâtisserie, coq en cuivre, XVIᵉ siècle.

394. **Poinçon**, tête en acier gravé, travail italien, XVIᵉ s.

395. **Poire** à poudre, en cuivre, avec médaillon de chasse en argent repoussé.

396. 3 séries de **Poids** à creuset.

397. **Bouteille-flacon**, verre opaque, fleurs émaillées à relief, XVIIᵉ siècle.

398. **Bouteille-flacon**, verre clair, dessins en couleurs, travail de Venise, forme carrée à pans coupés.

399. **Flacon** fleurdelisé en relief, fin XVIe siècle.

400. **Flacon** noir, tête de nègre, XVIIe siècle, travail italien de Venise.

401. 2 **Poids** en plomb écussonnés, XVe et XVIe siècles.

402. Série de **Poids**, XVIIe et XVIIIe siècles, 8 pièces.

403. 1 **Mortier** bronze, XVe siècle.

404. 1 **Mortier** bronze, inscription et frise ornée au pourtour, date : 1564. *Petrus Vandengheyn fecit*.

405. **Poire** à poudre, corne avec sa ferrure en fer.

406. **Poinçon** fait d'une corne de chevreuil (époque mérovingienne).

Cuillers

407. Une planche de 7 **cuillers** de l'époque gallo-romaine au XIIIe siècle.

408. Une planche de **6 cuillers**, à petites figures aux manches, XIVe et XVIe siècle.

409. Une planche de **7 cuillers**, XVIe et XVIIe siècle.

410. Une planche de **5 cuillers**, étain, XVIe et XVIIe s.

411. Une planche avec la **Coupe** d'une cuiller à pot étain avec au derrière monogramme, XVe siècle ; **Cuiller** à sauce en cuivre jaune, petite figure au manche ; un **Manche** de grande cuiller en fer avec appliques en cuivre, Renaissance ; une grande **Fourchette** de pot en fer, travail de forge à cœur et fleur de lis, XIVe siècle.

412. Une petite **Pelle** de chaufferette en fer forgé, XVIe s.

Couteaux

413. Une planche de **2 fourchettes**, XVIe et XVIIe siècles ;
      2 couteaux, époque gauloise, manches en os ;
      1 manche de couteau en bronze, lion tenant un
      écusson : **1 couteau**, manche et lame d'un seul
      morceau, le manche travaillé à jour, commencement
      du XVIIe siècle.
414. Une planche de **2 couteaux** avec manches à petites
      figures, en bronze, XVIIe siècle. — 2 autres avec
      manches en cuivre gravé, les fonds noircis. —
      1 autre avec manche en porcelaine, XVIIIe siècle.

Peintures diverses

Toiles

415. Le **Christ** et la **Samaritaine**, toile en hauteur,
      0^m65 × 0^m51, très beau cadre chêne sculpté,
      XVIIe siècle.
416. Le **Jugement de Salomon**, toile ovale, en largeur
      0^m55 × 0^m45, recollé sur toile moderne, XVIIe siècle.
417. **Portrait d'abbé**, 0^m175 × 0^m11, XVIIIe siècle.
418. **Marine**, signée Gudin.
419. **Odalisque**, signée Cordier.

Sur Cuivre

420. Le **Calvaire**, haut. 0^m35, larg. 0^m28, beau cadre
      sculpté, XVIIe siècle.

421. **L'Adoration des Bergers**, haut. 0^m22, larg. 0^m17. genre miniature, encadré sous verre, traces d'inscriptions au dos.

422. **Madone**, en buste, haut. 0^m21, larg. 0^m15. nimbe doré à rayons, XVe siècle.

423. La **Vierge** présentant le chapelet à Saint-Dominique et à Sainte-Thérèse. haut. 0^m21. larg. 0^m19. Les personnages avec auréoles dorées à rayons, XVIe siècle.

424. La **Vierge** apparaissant à Saint-Charles-Borromée. haut. 0^m21, larg. 0^m19, commencement du XVIIe s.

425. Buste du **Christ** bénissant. haut. 0^m17, larg. 0^m13, XVIIe siècle.

426. **Ecce-Homo**, haut. 0^m16, larg. 0^m13, XVIIe siècle.

427. Portrait du **Christ**, haut. 0^m23, larg. 0^m17, XVIIe s.

428. **L'Ensevelissement du Christ**, miniature ovale, 0^m10 × 0^m085.

429. 3 **portraits** miniatures ovales. 0^m06 × 0^m045, avec inscription.

430. **Portrait** de femme voilée, miniature ovale, 0^m08 × 0^m065, XVIIe siècle.

431. **Miniature** ovale, 0^m058 × 0^m067, portrait de jeune homme avec la date 1634 et un écusson d'azur. chargé en chef de 3 fleurs de lys d'or et d'un maillet également d'or sur l'écu.

432. Très beau **Portrait** de jeune femme, miniature. 0^m05 × 0^m038, sous verre, XVIIe siècle.

433. **Miniature** sur ivoire, **Mme Detaille**, début du XIXe s.

sur Bois

434. **Buste de Sainte** couronnée d'épines. Haut. 0^m36, larg. 0^m20, XVIIe siècle.

435. La **Vierge** à l'Enfant-Jésus, auréole lancéolée retouchée, commencement du XVIIe siècle. Haut. 0^m23, larg. 0^m18.

436. **Portrait** de femme. Haut. 0^m33, larg. 0^m27, commencement du XIXe siècle.

sur Onyx

437. **L'Adoration des Bergers,** onyx faisant fond de
tableau, personnages peints au blanc d'œuf, belle
peinture malheureusement altérée.

Pastels

Portraits commencement du XIXe siècle.
438. 2 Portraits Haut. 0m55, larg. 0m45.
439. 1 — — 0m45, — 0m37.
440. 2 — ovales. 0m49 × 0m39.

Peintures laquées indoues

441. **1 tableau** 0m17 × 0m11, fort endommagé.
442. **1 tableau** 0m20 × 0m11.
443. **1 autre tableau;** ces trois tableaux représentant des
scènes d'intérieur.

DIVERS

**Faïences, Porcelaines, Étains, Silex taillés, Vieilles monnaies, Vieux carreaux
Menus objets romains, gallo-romains, etc., etc.**

444. Un grand plat Chine moderne, avec un oiseau au
centre, fleurs et feuillages divers en bleu sur fond
blanc. Diam. 0m57.
445. Une grande potiche mauresque, décorée jaune, bleu,
vert, avec couvercle. Haut. 0m55.
446 Une Vierge en marbre tendre, écrasant le serpent,
sur socle. Haut. totale 0m48.

447. Un cache-pot en faïence de Lille, décor bleu.
448. Une grande potiche en Rouen bleu, avec couvercle à
      lambrequin. Haut. 0^m49.
449. Une potiche en Delft bleu.
450-451. Deux pots de pharmacie en faïence italienne,
      décors jaune et bleu avec personnages, l'un
      marqué A-E-V.
452. Une petite potiche en Chine, décor bleu rehaussé d'or.
453. Un vieux plat cuivre repoussé avec personnage et
      inscription gothique.
454. Un plat à piédouche Italien à côtes, décors jaunes ;
      au fond Vierge sur des nuages, au pourtour
      femmes ailées et fleurs.
455. Un plat terre cuite rouge, décor émail vert, d'Hesdin.
456 à 459. Quatre potiches gallo-romaines, terre cuite.
460. Un pot à boire en étain, à panse.
461. Un pot en étain, droit, avec couvercle.
462. Un grand plat en étain, avec marque au revers,
      diamètre : 0^m43.
463. Un grand plat en étain, avec écusson, daté 1668,
      diamètre : 0^r47.
464 à 465. Deux plats en étain, diamètre : 0^m305.
466 à 473. Huit assiettes en étain, rondes.
474. Un vase en cuivre.
475 à 489. Quinze assiettes en Japon, rouges, bleues et or.
490 à 493. Deux assiettes en Japon, bleues, et deux
      assiettes en faïence de St-Amand, décor en bleu.
494 à 499. Six petites assiettes en Chine moderne.
500-501. Deux plats cloisonnés Chine.
502. Une salière faïence ancienne de Strasbourg.
503. Une salière faïence d'Hesdin.
504. Un moutardier faïence Sainceny.
505. Un huilier faïence de Delft, décors bleu, marqué L.P.K.
506. Un plat à barbe en faïence de Desvres.
507-508. 2 potiches Delft bleu.
509. Un vase à col, faïence d'Hesdin, avec inscription
      M. A. et I. H. S.

510. Un sucrier faïence de Strasbourg.
511. Six assiettes et deux plats de différentes fabriques.
512. Cinq vases divers.
513. Un secrétaire Louis XVI, orné de cuivres, avec dessus en marbre de couleur.
514-596. 83 planches de silex taillées, haches polies, pointes de flèches, etc., fixées sur cartons.
597. Une boite de vieilles monnaies bronze, cuivre et vieilles médailles.
598. 20 pièces argent et métal, françaises et étrangères, modernes, Louis XV, et Helvétie, Belgique, etc.
599. 2 pièces romaines.
600. 6 — — provenant de Marœuil (P.-de-C.).
601. 2 — — — de Brimeux —
602. 4 pièces monnaie du Moyen-Age.
603. 11 — — anciennes provenant de Marconne (P.-de-C.).
604. 23 pièces monnaies Louis XIV, Louis XV et diverses.
605. 7 — — provenant de Thérouanne, Moyen-Age.
606. 19 pièces vieilles monnaies, bronze.
607. 2 — — — une en bronze, une en argent.
608. 24 pièces vieilles monnaies, bronze.
609. 4 — monnaie provenant des Récollets d'Hesdin.
610. 8 — vieilles monnaies, bronze, du Moyen-Age.
611. 8 — — — — du Vieil-Hesdin (Enclos de l'Hospice).
612. 20 pièces vieilles monnaies, bronze, du Moyen-Age.
613. 7 — — — argent, —
614. 5 — monnaies modernes, argent.
615. 4 — — — bronze.
616. Débris de vieilles ferrures, et une cloche cassée provenant de l'Abbaye de Dommartin.
617. Arcatures ajourées en bois peint du XIV⁰ siècle, 4 pièces.
618-619. 2 panneaux en bois peint, représentant 2 apôtres, belles peintures dont l'une fort avariée.

620. 1 pied bois sculpté, genre oriental.
621. 1 bassinoire cuivre repoussé, XVIIe siècle.
622 à 639. 18 vases terre rouge, noire, grise, vernie et non vernie, provenant des fouilles faites par M. Terninck, poteries gallo-romaines.
640. Une épée gauloise.

Vieux Carreaux

641. 4 carreaux et 1 fragment provenant de l'Abbaye de Dommartin.
642. 3 fragments de carreaux, décors jaunes sur fond rouge émaillé, de Vieil-Hesdin.
643. 2 carreaux, décors jaunes sur fond rouge, provenant de l'Abbaye d'Andres.
644. 1 carreau et 2 fragments, décors émaillés blancs et verts sur fond rouge, des Cordeliers de Vieil-Hesdin.
645. 2 carreaux émaillés jaunes sur vert, de l'église Saint-Martin de Vieil-Hesdin.
646. 5 fragments de carreaux émaillés, décors jaunes sur fond rouge et noir.
647. 4 fragments d'un carreau gothique, émail blanc avec décors de couleur sur terre rouge provenant du château de Vieil-Hesdin.
648. 9 carreaux émaux unis jaune noir sur terre rouge de Vieil-Hesdin.
649. 1 carreau avec fleurs de lys aux angles émail blanc sur fond brun terre rouge Vieil-Hesdin.
650. 3 carreaux émaux décorés, provenant de Vitry-en-Artois.
651. 4 carreaux faïence blanche à paysages et 2 fragments de carreaux.
652. 3 fragments de carreaux du cloître de Saint-Martin de Vieil-Hesdin.
653. 11 petits carreaux provenant du château de Vieil-Hesdin.

654. 2 carreaux dont 1 émail décoré et l'autre, émail uni provenant du château d'Hesdin.

655. 15 fragments de carreaux du château de Vieil-Hesdin la plupart émaillés, entr'autres 2 fragments, représentant une figure de femme, imitant le grés.

656. 9 carreaux décorés sur terre rouge de Vieil-Hesdin.

657. 18 petits carreaux, émaux, unis et décorés de plusieurs couleurs, provenant d'Offckerque (P.-de-C.).

658. Un lot composé de :

1 petit coq ailé en bronze ;
1 — buste de femme en bronze ;
1 — étain fondu représentant un enfant.
1 plaque de livre en bronze gravé ;
1 bouton rond, cuivre ajouré ;
1 — — bronze —
1 — — étain orné ;
1 agrafe en cuivre ;
1 petite clef ;
1 gaine en bronze en deux morceaux ;
1 pointe en bronze (probablement d'un bouclier).

659. 2 bagues en cuivre avec initiales gravées, trouvées à Bergues (Nord).

660. 1 bracelet en bronze, trouvé à Brimeux.

661. 1 lame en cuivre, trouvée à Brimeux.

662. 16 clefs diverses, bronze et fer, des XVᵉ et XVIᵉ siècles.

663. 2 petites clefs en cuivre et 3 agrafes.

664. 2 haches gauloises en bronze.

665. 2 haches gallo-romaines en bronze, trouvées à Brimeux.

666. 2 cuillers, cuivre, dont une avec argenture et fleurettes sur le manche. XVIIIᵉ siècle.

667. Un poignard italien, bronze, XVIᵉ siècle.

668. Un poignard italien, en bronze, trouvé à Fressin (P.-de-C.).

669. Une plaque de baudrier, bronze gravé et plaqué argent.

670. Un petit poids en cuivre, XVIIᵉ siècle.

671. Deux aiguilles et un poinçon en os.
672. Débris de harnais gaulois trouvés à Contes (P.-de-C.)
673. Cinq rouelles gauloises en forme d'anneaux.
674. Perles et agrafes gallo-romaines (3 pièces).
675. Trois boutons gallo-romains trouvés à Saint-Nicolas-lez-Arras.
676. Lame de poignard de Vieil-Hesdin.
677. Poignard trouvé dans la fosse à moulin sous le château de Brimeux.
678. Poignard trouvé à la station romaine de Brimeux.
679. Deux tassettes terre jaune.
680. Agrafes, boucles, épingles, figures provenant des fouilles de Thérouanne (19 pièces).
681. Deux clochettes gallo-romaines en bronze.
682. Une tête de chandelier, un anneau, un morceau de crapaudine en bronze et un fragment de chandelier en étain, XVIIe siècle.
683. Cuvette de lampe en bronze de Vieil-Hesdin, XIVe s.
684. 3 fers à cheval et l'éperon provenant de Brimeux.
685. 3 coupes de verre à pied et une bouteille en verre provenant de Fressin.
686. 1 poids en pierre.
687. 1 moule à hostie en terre cuite émaillée, provenant de Thérouanne.
688. 1 agrafe en bronze composée de 3 pièces.
689. 2 fragments d'agrafes en bronze.
690. 1 épingle en bronze gallo-romaine.
691. 7 fragments d'ornements de harnais gallo-romains, appliques et boucles.
692. 1 portrait, buste de guerrier, peinture sur cuivre.
693. 1 peinture sur bois, la Sainte Face.
694. 1 peinture sur cuivre, la Vierge à l'enfant, époque Flamande.
695. 1 carte avec 6 camées et 1 breloque.
696. 1 carte avec 3 intailles.
697. 1 porte de tabernacle en bronze, style Renaissance.
698-699. 2 fragments de rideaux faits à la main représentant une scène de chasse.

700. 5 sceaux ou cachets particuliers en cuivre.
701. 2 images encadrées représentant Notre-Dame de
Grâces de Cambrai.
702. 1 image peinte à la main sur parchemin, représentant
une tête de mort, un heaume et une épée, avec
cadre. — 1 image peinte à la main sur carton,
représentant une gerbe de fleurs, avec cadre.

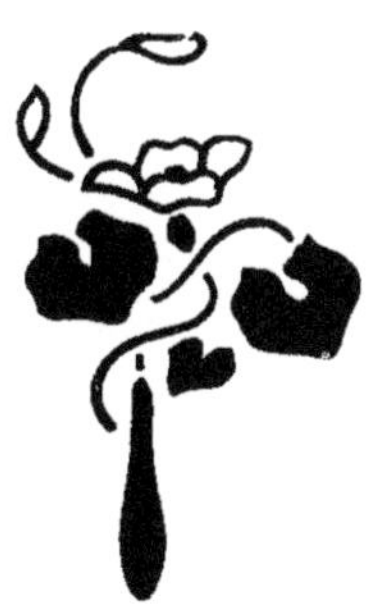

Imprimerie H. MOREL, rue Nationale, 77. LILLE